Ingrid Moras

# Freundschafts-bänder

## Namen und Motive

CHRISTOPHORUS
BRUNNEN-REIHE

SEIT MEHR ALS 30 JAHREN STEHT DER NAME „CHRISTOPHORUS“ FÜR KREATIVES UND KÜNSTLERISCHES GESTALTEN IN FREIZEIT UND BERUF. GENAUSO WIE DIESER BAND DER BRUNNEN-REIHE IST JEDES CHRISTOPHORUS-BUCH MIT VIEL SORGFALT ERARBEITET: DAMIT SIE SPASS UND ERFOLG BEIM GESTALTEN HABEN – UND FREUDE AN SCHÖNEN ERGEBNISSEN.



2. neu bearbeitete Auflage 1996



ISBN 3-419-55848-1



Styling und Fotos: Roland Krieg, Waldkirch
Textredaktion: Dr. Ute Drechsler-Dietz
Zeichnungen: Ingrid Moras
Reinzeichnungen der Knoten S. 5 und 6:
Uwe Stohrer, Norsingen
Umschlaggestaltung: Network!, München
Produktion: Print Production, Umkirch
Druck: Freiburger Graphische Betriebe, 1996

CHRISTOPHORUS
BÜCHER MIT IDEEN

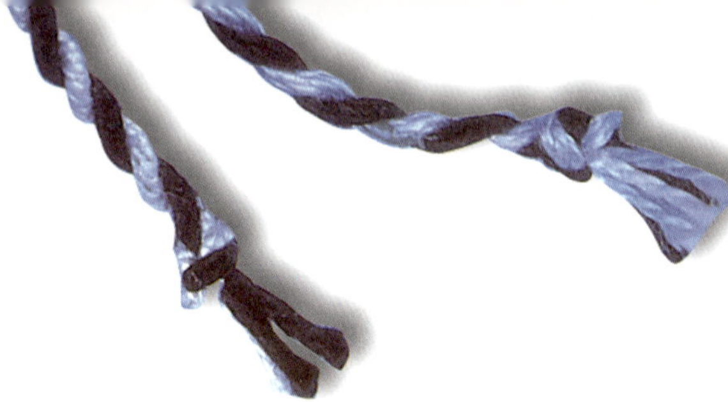

# Inhalt

# Knüpfen verbindet

Geknüpfte Freundschaftsbänder gehören zur Zeit wohl zu den beliebtesten Geschenken für gute Freunde. Die Knoten symbolisieren Verbundenheit, und das einmal umgebundene Band wird Tag und Nacht getragen, bis es sich allmählich auflöst. Wie genau es richtige Knüpf-Fans mit den Knoten nehmen, wurde mir erst im Briefkontakt mit einem 16jährigen Mädchen bewußt. Sie fragte mich, ob ich eine "Buchstaben-Technik" beherrsche. Ganz spontan schlug ich vor, die Buchstaben anschließend hineinzusticken. Eine solche "Mogel-Lösung" wollte sie aber nicht so recht akzeptieren: Ein Freundschaftsband muß eben geknüpfte Namen und Sprüche enthalten. Dies war der Anlaß zu diesem Buch.

Durch die abwechselnde Anordnung der Fäden des Untergrundes und des Motivs, durch die man je nach Bedarf die entsprechende Farbe verknoten kann, ist es möglich, sowohl Buchstaben als auch erkennbare Motive wie z.B. Bäume oder Käfer in das Band zu knüpfen und den Freundschaftsbändern mit unverwechselbaren Zeichen eine ganz persönliche Note zu verleihen.
Allen Knüpf-Fans wünsche ich nun viel Spaß beim Einstieg in die Welt der Buchstaben!

*Ingrid Moras*

# Das Material und die Knoten

## Material

**Für den Entwurf:**

- **kariertes Papier (DIN A4, 7 mm)**
- **Bleistift**
- **dünne und dicke Filzstifte**
- **Lineal**

**Zum Knüpfen:**

- **mattes oder glänzendes Garn, Stärke Nr. 5 (Anchor Perlgarn oder Sticktwist von Coats Mez)**

## Hilfsmittel

- **Schere**
- **Klebeband (tesa 4306)**
- **evtl. Bilderrahmen (30 x 30 cm)**

## *Das Knüpfmaterial*

Je nach Größe des Handgelenks ist das Knüpfen von Namen oder Botschaften bis zu neun Buchstaben bei Garnstärke 5 möglich. Für mehr Buchstaben muß dünneres Garn verwendet werden.
In diesem Büchlein wurde nur Perlgarn mit der Stärke 5 verwendet. Die angegebenen Farbnummern entsprechen denen von Coats Mez.

## *Die Vorbereitung der Knüpffäden*

Da bei den Buchstabenbändern die Reihenfolge der mindestens 16 Fäden nicht durcheinandergeraten darf, die Fäden am besten ca. 12 cm von einem Ende entfernt in der angegebenen Reihenfolge anordnen und mit einem Stück Klebeband an der oberen Leiste eines Bilderrahmens oder am Tischrand festkleben. Der Überstand von ca. 12 cm wird für den Abschluß des Bändchens benötigt.

## *Die Knoten*

Für jeden an der Oberseite des Bändchens sichtbaren Knoten sind jeweils zwei Schlingen nötig. Einen Faden (= Ziehfaden) spannen, d.h. nach unten ziehen, mit dem anderen (= Knüpffaden) eine Schlinge um den Ziehfaden legen und nach oben anziehen. Den ganzen Vorgang wiederholen, dabei die erste Schlinge fest nach oben ziehen, die zweite etwas weniger fest. Vor jedem neuen Knoten die Fäden leicht nach unten ziehen, dann nehmen sie ihre Position von selbst deutlich ein. Bei der Buchstaben-Technik darf sich die Reihenfolge der Fäden das ganze Band hindurch nicht ändern, daher nur die beiden Knoten verwenden, die die ursprüngliche Stellung der Fäden wiederherstellen: den rechts-linksgeknüpften und den links-rechtsgeknüpften Knoten. Treffen zwei gleichfarbige Fäden aufeinander, genügt es, einen einfachen rechtsgeknüpften Knoten zu legen. Es gibt insgesamt vier verschiedene Knoten.

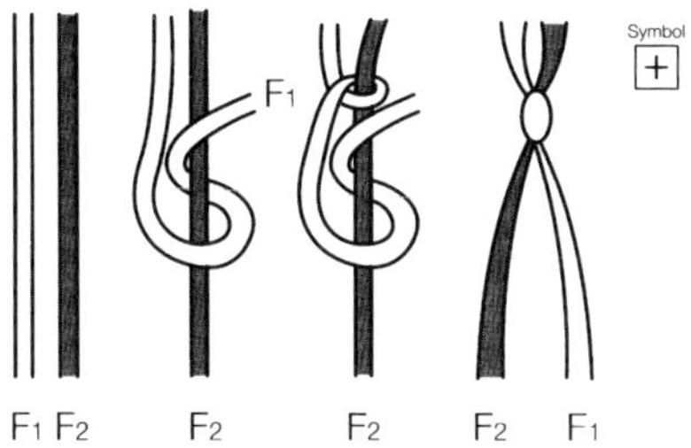


## *Rechtsgeknüpfter Knoten*
(Symbol: Kreuz)

❶ Den rechten Faden F2 (= Ziehfaden) stramm nach unten ziehen.

❷ Mit dem linken Faden F1 (= Knüpffaden) eine Schlinge nach rechts über den Ziehfaden F2 legen und zu einem Knoten fest nach oben ziehen.

❸ Mit F1 über den Ziehfaden F2 eine Schlinge nach rechts legen und zu einem Knoten nach oben ziehen.

❹ Der nach vorne sichtbare Knoten hat die Farbe des Knüpffadens F1. Die Position der Fäden hat gewechselt: F1 liegt nun rechts.

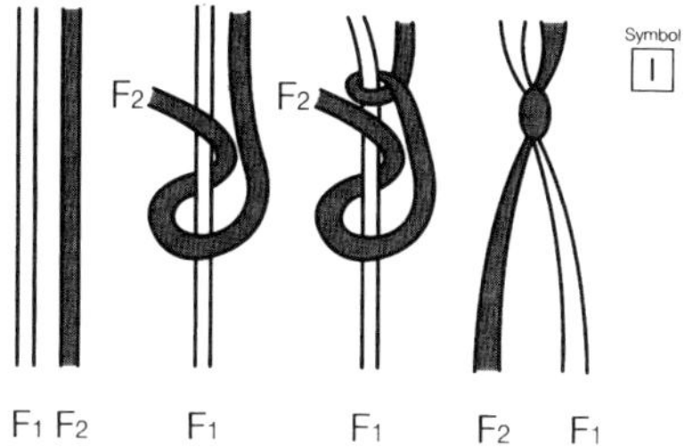


## *Linksgeknüpfter Knoten*
(Symbol: senkrechter Strich)

❶ Den linken Faden F1 stramm nach unten ziehen (= Ziehfaden).

❷ Mit dem rechten Faden F2 (= Knüpffaden) eine Schlinge nach links über den Ziehfaden F1 legen und zu einem Knoten fest nach oben ziehen.

❸ Mit F2 über den Ziehfaden F1 eine Schlinge nach links legen und zu einem Knoten nach oben ziehen.

❹ Der nach vorne sichtbare Knoten hat die Farbe des Knüpffadens F2. Die Position der Fäden hat gewechselt: F2 liegt nun links.

**Tip**
**Damit die Fäden gut festgezogen werden können, den Bilderrahmen auf die angewinkelten Beine legen, so daß die untere Leiste am Bauch anstößt.**

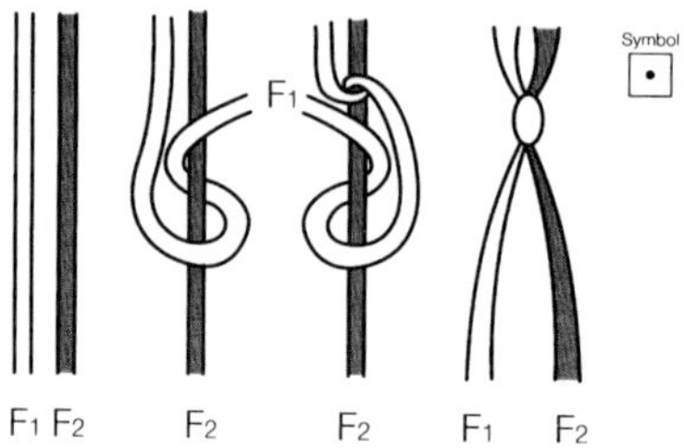


***Rechts-linksgeknüpfter Knoten***
(Symbol: Punkt)

❶ Den rechten Faden F2 stramm nach unten ziehen (= Ziehfaden).

❷ Mit dem linken Faden F1 (= Knüpffaden) eine Schlinge nach rechts über den Ziehfaden F2 legen und zu einem Knoten fest nach oben ziehen.

❸ Mit dem jetzt rechts liegenden Knüpffaden F1 eine Schlinge nach links über den Ziehfaden F2 legen und zu einem Knoten nach oben ziehen.

❹ Der nach vorne sichtbare Knoten hat die Farbe des Knüpffadens F1. Die Position der Fäden entspricht der Ausgangsstellung.

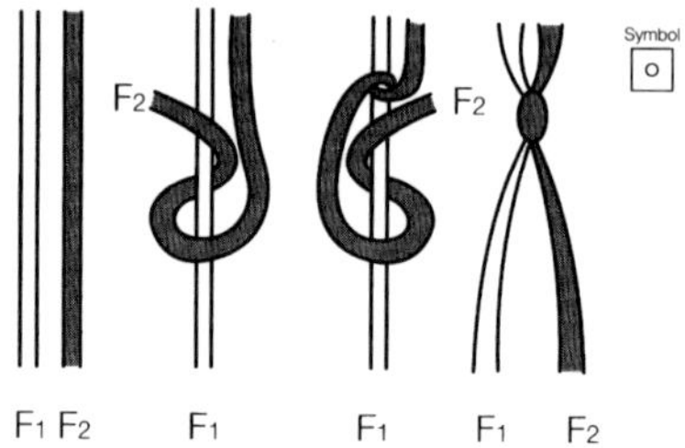


***Links-rechtsgeknüpfter Knoten***
(Symbol: Kreis)

❶ Den linken Faden F1 (= Ziehfaden) stramm nach unten ziehen.

❷ Mit dem rechten Faden F2 (= Knüpffaden) eine Schlinge nach links über den Ziehfaden F1 legen und zu einem Knoten fest nach oben ziehen.

❸ Mit dem jetzt links liegenden Knüpffaden F2 eine Schlinge nach rechts über den Ziehfaden F1 legen und zu einem Knoten nach oben ziehen.

❹ Der nach vorne sichtbare Knoten hat die Farbe des Knüpffadens F2. Die Position der Fäden entspricht der Ausgangsstellung.

# So wird's gemacht

### *Das Grundmuster*

Die Buchstabenbänder werden im Grundmuster geknüpft, jede Reihe von links nach rechts.
Links beginnen und mit dem 1. und 2. Faden den ersten Knoten knüpfen, mit dem 2. und 3. Faden den zweiten Knoten usw., mit dem 15. und 16. Faden den 15. Knoten. Bei 16 Fäden entsteht eine Reihe mit 15 Knoten (Anzahl der Fäden = Anzahl der Knoten +1). Sie verläuft in einem Winkel von 45° schräg von links oben nach rechts unten. Die jeweilige Reihenfolge der Knüpffäden darf sich bei der Buchstaben-Technik nie ändern, daher nur rechts-links- bzw. links-rechtsgeknüpfte Knoten verwenden, die die Ausgangsstellung der Fäden wieder herstellen. Den Faden, dessen Farbe beim Knoten nicht in Erscheinung treten soll, immer nach unten ziehen (= Ziehfaden). Der Faden mit der gewünschten Knotenfarbe wird zum Knüpffaden, mit dem die zwei Schlingen über den Ziehfaden gelegt werden.

### *Das Knüpfen im Grundmuster und in der Buchstaben-Technik*

Die senkrechten Striche zeigen die Anzahl der Fäden, die Farbangaben mit den Farbnummern die Reihenfolge der verschiedenfarbigen Fäden, die sich nie ändern darf:

In dieser Fadenanordnung wurde das Band mit der Taube und dem Wort "PEACE" geknüpft (siehe Seite 24). Der Faden mit der Motivfarbe (weiß bzw. hellblau) und der Faden mit der Untergrundfarbe (schwarz) wechseln sich das ganze Band hindurch ab, mit Ausnahme der beiden schwarzen Fäden für den Hintergrund an der 2. und 3. Stelle. Diese beiden Fäden sind nötig, um den "Verlust" des Knüpffadens auszugleichen. Durch diese Anordnung kann man je nach Bedarf schwarze (= Hintergrundfarbe) oder weiße bzw. hellblaue Knoten (= Motivfarbe) knüpfen.

***Musterzeile für eine Reihe mit schwarzen Knoten***

o + • o • o • o • o • o • o •

❶ Links mit dem ersten, weißen und zweiten, schwarzen Faden beginnen. Den weißen Faden nach unten ziehen und mit dem schwarzen Faden (rechts) einen links-rechtsgeknüpften Knoten legen (Symbol: Kreis). Es entsteht ein schwarzer Knoten, die Reihenfolge der ersten beiden Fäden ist wie vor dem Knüpfen weiß-schwarz.

❷ Mit dem zweiten, schwarzen und dem dritten, schwarzen Faden einen rechtsgeknüpften Knoten legen (Symbol: Kreuz).

❸ Für den dritten Knoten den vierten, hellblauen Faden nach unten ziehen. Mit dem dritten, schwarzen Faden (links vom Ziehfaden) einen rechts-linksgeknüpften Knoten legen (Symbol: Punkt).

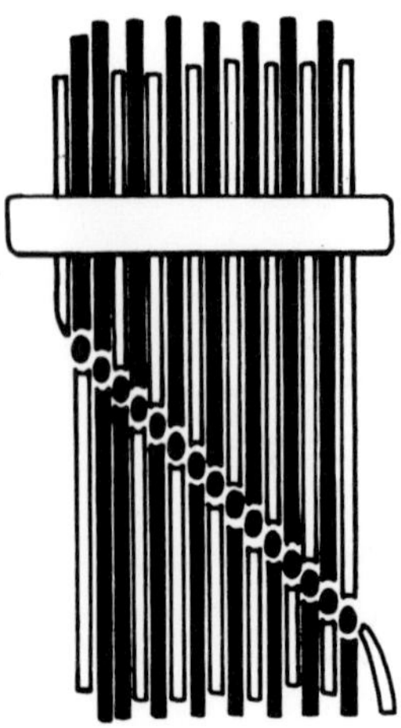

❹ Der vierte schwarze Knoten (4. und 5. Faden) ist ein links-rechtsgeknüpfter Knoten (Symbol: Kreis), der fünfte (5. und 6. Faden) ein rechts-linksgeknüpfter Knoten (Symbol: Punkt) usw., siehe Musterzeile!
Diese Reihe mit nur schwarzen Knoten (= Untergrundfarbe) verläuft schräg von links oben nach rechts unten.

***Musterzeile für eine Reihe weißer bzw. hellblauer Knoten***

Nach Bedarf kann jeder der Knoten weiß bzw. hellblau (= Motivfarben) geknüpft werden.

• () o • o • o • o • o • o • o

❶ Links mit dem ersten, weißen und zweiten, schwarzen Faden beginnen. Den schwarzen Faden nach unten ziehen (= Ziehfaden) und mit dem weißen, links liegenden Faden einen rechts-linksgeknüpften Knoten (Symbol: Punkt) legen. Der erste Knoten ist weiß, die Position der Fäden wie vor dem Knüpfen weiß-schwarz.

❷ Der zweite Knoten aus dem zweiten und dritten (= schwarzen) Faden bleibt als einziger in der Reihe immer schwarz (Randbereich bzw. Hintergrund), deshalb: Es genügt ein rechtsgeknüpfter Knoten (Symbol: Klammer).

❸ Für den dritten, hellblauen Knoten aus dem dritten, schwarzen und vierten, hellblauen Faden den schwarzen Faden nach unten ziehen. Mit dem rechts liegenden, hellblauen Faden einen links-rechtsgeknüpften Knoten legen. Die Position der Fäden ist unverändert schwarz-hellblau.

❹ Der vierte, hellblaue Knoten (4. und 5. Faden) ist ein rechts-linksgeknüpfter Knoten (Symbol: Punkt), der fünfte, hellblaue Knoten (5. und 6. Faden) ist ein links-rechtsgeknüpfter Knoten (Symbol: Kreis) usw., siehe Musterzeile!

Es entsteht eine Reihe mit nur weißen bzw. hellblauen Knoten (= Motivfarben), mit Ausnahme des zweiten, schwarzen Knotens.

***Die Technik auf einen Blick***

❶ Hintergrundfarbe und Motivfarbe wechseln dort, wo die Buchstaben eingeknüpft werden, ständig ab.

❷ Die Reihenfolge der Fäden darf sich das ganze Band hindurch nicht ändern.

❸ Den Faden, der die nicht benötigte Farbe trägt, nach unten ziehen (= Ziehfaden).

❹ Liegt der Faden mit der benötigten Farbe (= Knüpffaden) rechts vom Ziehfaden, muß mit ihm ein links-rechtsgeknüpfter Knoten gelegt werden, damit er wieder seine rechte Position einnimmt; liegt er links vom Ziehfaden, muß mit ihm ein rechts-linksgeknüpfter Knoten gelegt werden, damit er wieder seine ursprüngliche, linke Stellung einnimmt. Der Faden, mit dem die beiden Schlingen gelegt werden, bestimmt die Farbe des Knotens.

***Der Entwurf eines Buchstabenbandes***

*Die Auswahl der Farben*

Das Buchstabenband hat 16 Fäden, damit werden 15 Knoten pro Reihe geknüpft. Die Auswahl der Farben erfolgt meistens nach dem folgenden allgemeinen Schema (bei manchen Bändern werden die gleichfarbigen, nebeneinander liegenden Fäden aber an die erste und zweite Stelle vorgezogen):
1. Faden: Farbe für den äußeren Rand; 2. und 3. Faden: Hintergrundfarbe; vom 4. bis 15. Faden immer konsequent Hintergrund- und Motivfarbe abwechseln; 16. Faden: Farbe für den äußeren Rand (siehe Beispiel "Taube mit PEACE"!).

**Anmerkung**
**Diese beiden Beispiele zeigen, daß man mit der abwechselnden Anordnung der Fäden, die die Motivfarbe und die Untergrundfarbe haben, je nach Bedarf Knoten mit der einen oder anderen Farbe knüpfen kann (mit Ausnahme des zweiten Knotens).**

**Tip**
**Die Motiv- bzw. Untergrundfarbe(n) sollten möglichst kontrastreich sein, damit sich die Schrift gut vom Untergrund abhebt.**

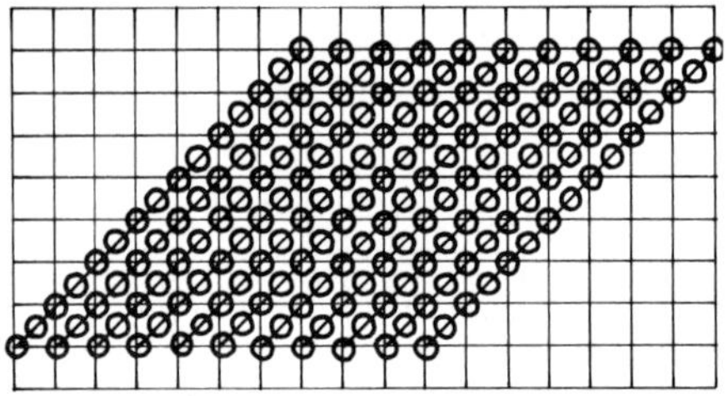

*Das Anfertigen eines Zeichenplanes*
Da die geknüpften Reihen schräg verlaufen, die Buchstaben aber gerade stehen, ist es wichtig, einen Zeichenplan anzulegen. Am besten einen Entwurf auf kariertem Papier (7 mm, DIN A4, quer) anfertigen. Jeweils durch sieben Kästchen diagonal eine Strecke mit einem dünnen Filzstift ziehen (bei breiteren Bändern diese Strecke entsprechend verlängern). Jede Strecke deutet eine geknüpfte Reihe an; die Schräglage entspricht dem Verlauf der geknüpften Reihe. Jeweils auf den Schnittpunkt der waagrechten und senkrechten Karolinien und genau in die Mitte der Kästchen auf jede Strecke 15 Kreise mit Filzstift malen (= die 15 geknüpften Knoten einer Reihe). Ein Band besteht aus bis zu 50 Reihen.

**Anmerkung**
**Die Zeichenpläne für alle Bänder und das ganze ABC finden Sie auf dem Vorlagenbogen. Sie können die Zeichenpläne ausschneiden. Auf der Rückseite stehen jeweils die Farbangaben und die Musterzeilen.**

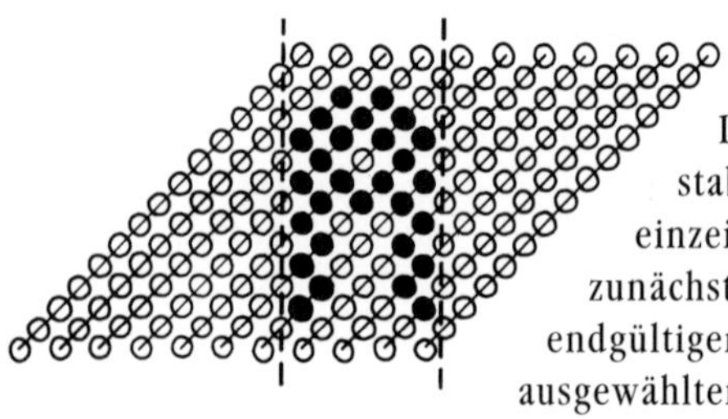

*Das Einzeichnen der Buchstaben und Motive*
Die gewünschten Buchstaben und Motive senkrecht einzeichnen, dafür die Kreise, zunächst mit Bleistift und beim endgültigen Entwurf dann mit der ausgewählten Motivfarbe, ausmalen. Den Zeichenplan etwas drehen (rechtes Ende nach unten!), Zeile für Zeile von links nach rechts ablesen und die Knoten entsprechend nachknüpfen. Hilfreich ist ein Lineal, das auf dem Zeichenplan entsprechend verschoben wird.

***Der gerade Anfang und das gerade Ende eines Bandes (am Beispiel "PEACE mit Taube")***

Für ein Band von bis zu neun Buchstaben ist es ratsam, einen geraden Anfang zu knüpfen.

*Der gerade Anfang*
Die erste Reihe besteht nur aus einem weißen Knoten: Mit dem letzten, weißen Faden über den vorletzten, schwarzen Faden einen links-rechtsgeknüpften Knoten legen. Für die zweite Reihe mit den letzten vier Fäden (schwarz, weiß, schwarz, weiß) von links nach rechts drei Knoten knüpfen: einen links-rechtsgeknüpften, weißen Knoten, einen links-rechtsgeknüpften, schwarzen Knoten und einen links-rechtsgeknüpften, weißen Knoten. Die dritte Reihe mit den letzten sechs Fäden knüpfen, von links nach rechts fünf Knoten, entsprechend der Farbvorgabe des Planes. In der vierten Reihe werden die letzten acht Fäden für die sieben Knoten benötigt, für die fünfte Reihe mit den neun Knoten die letzten zehn Fäden, für die sechste Reihe mit

den elf Knoten die letzten zwölf Fäden, für die siebte Reihe mit den dreizehn Knoten die letzten vierzehn Fäden und für die achte Reihe alle Fäden.
Jede Reihe immer von links nach rechts knüpfen. Die ersten beiden und letzten beiden Knoten einer jeden Reihe bilden den Rand um die Schrift und sind stets gleich zu knüpfen. Alle anderen wechseln je nach Motiv-Vorgabe.
Es ist am einfachsten, den schrägen Reihen des Zeichenplanes zu folgen und die Reihen schräg zu knüpfen, da nach jedem geknüpften Knoten nur ein neuer Faden aufgenommen werden muß.

*Eine Alternative:* Gerade Reihen entsprechend der Lage der Buchstaben knüpfen. Dann die acht weißen bzw. hellblauen Knoten der ersten geraden Reihe am linken Rand wie folgt fertigen: Den ersten Knoten mit dem 1. und 2. Faden knüpfen, den zweiten Knoten mit dem 3. und 4. Faden, den dritten Knoten mit dem 5. und 6. Faden, usw. bis zum achten Knoten mit dem 15. und 16. Faden. Es müssen immer beide Fäden abgelegt werden und die nächsten zwei Fäden neu aufgenommen werden. Für die zweite gerade Reihe mit den sieben Knoten: Den ersten Knoten mit dem 2. und 3. Faden knüpfen, den zweiten Knoten mit dem 4. und 5. Faden, den dritten Knoten mit dem 6. und 7. Faden, usw. bis zum siebten Knoten mit dem 14. und 15. Faden.
Diese beiden Reihen im ständigen Wechsel nach der Farbvorgabe des Zeichenplans knüpfen.

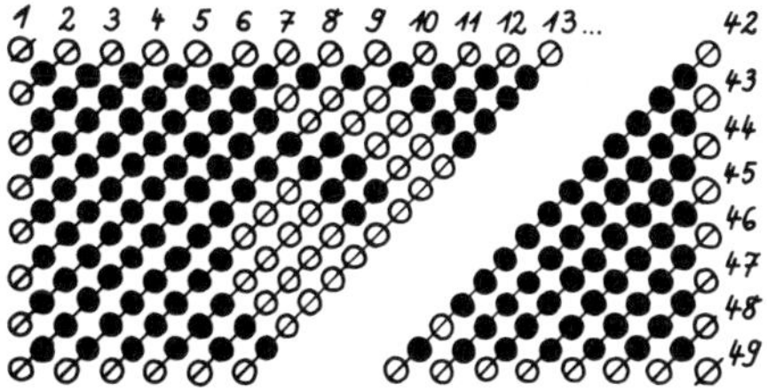

Der gerade Anfang und das gerade Ende

*Das gerade Ende*
Nach der letzten vollständigen, schrägen Reihe (Reihe 42) die folgenden Reihen 43 bis 49 jeweils verkürzen. Dafür die Reihe um zwei, vier, sechs, acht, zehn, zwölf, vierzehn Knoten am Schluß jeder Reihe verringern. Die letzte Reihe besteht wie die erste Reihe aus nur einem Knoten.

*Der Abschluß des Bändchens*
Die relativ breiten Bändchen auf jeder Seite mit zwei Kordeln abschließen: Zunächst die 16 Fäden teilen. Mit dem äußersten linken Faden einen rechtsgeknüpften Knoten über die sieben Fäden zur Mitte legen, mit dem äußersten rechten Faden einen linksgeknüpften Knoten über die anderen sieben Fäden zur Mitte legen. Jedes Achterbündel in zwei Stränge teilen, z.B. nach Motivfarbe und Hintergrundfarbe getrennt. Beide Stränge nach rechts eindrehen und miteinander verdrehen, dabei immer den rechten Strang über den linken legen. Mit einem Knoten abschließen und den Überstand der Fäden gleichmäßig kürzen.

**Material & Hilfsmittel**

***I NEED YOU:***

- Perlgarn Nr. 5 in Schwarz 403, Gold 309, Goldgelb 313

***I LOVE YOU:***

- Perlgarn Nr. 5 in Schwarz 403, Rot 46, Hellrot 335, Rotorange 332

- Schere
- Klebeband

# I NEED YOU und I ♥ YOU

## *I NEED YOU*

*Das Band auf einen Blick*
Länge der Fäden: 100 cm
Abschluß: je zwei Kordeln
Erste Musterzeile: schwarze Knoten (Zeichenplan: ausgefüllte Kreise); Ausnahme: der zweite Knoten, er bleibt immer goldfarben.
Zweite Musterzeile: goldfarbene (gold, goldgelb) Knoten

❶ Für den geraden Anfang einen schwarzen Knoten (links-rechts) mit den beiden letzten Fäden knüpfen.

❷ Für die zweite, schräge Reihe mit den letzten vier Fäden drei Knoten knüpfen: schwarz (links-rechts), gold (links-rechts), schwarz (links-rechts). Weiterarbeiten nach Zeichenplan. Der erste, zweite und der letzte Knoten jeder vollständigen Reihe sind gleich: Der erste ist schwarz (rechts-linksgeknüpft), der zweite goldfarben (rechtsgeknüpft) und der 15. Knoten schwarz (links-rechtsgeknüpft). Die wechselnden Farben der weiteren Knoten dem Zeichenplan entnehmen.

❸ Nach der Mitte des Bandes wird die Hintergrundfarbe zur Motivfarbe (= Schrift). Das goldfarbene "YOU" ist mit goldfarbenen Knoten "unterstrichen".

## *I LOVE YOU*

*Das Band auf einen Blick*
Länge der Fäden: 100 cm
Abschluß: je zwei Kordeln
Erste Musterzeile: schwarze Knoten (Ausnahme: der zweite Knoten, er bleibt immer rot)
Zweite Musterzeile: rote (rot, hellrot, rotorange) Knoten

❶ Für den geraden Anfang mit den letzten beiden Fäden einen links-rechtsgeknüpften, schwarzen Knoten legen.

❷ Der erste, zweite und letzte Knoten jeder vollständigen Reihe sind gleich: der erste ist schwarz (rechts-linksgeknüpft), der zweite rot (rechtsgeknüpft) und der 15. Knoten schwarz (links-rechtsgeknüpft). Alle anderen Knoten wechseln die Farbe (s. Zeichenplan).

**Anmerkung**
**Wenn das rote Herz nicht durch rote Knoten „unterstrichen“ sein soll, die Reihenfolge der ersten drei Fäden verändern: schwarz, schwarz, rot, und nach Belieben die ersten beiden Knoten schwarz-rot oder schwarz-schwarz legen.**

# DU & ICH

**Material & Hilfsmittel**

- **Perlgarn Nr. 5 in Weiß 1, Blau 134, Grün 189**
- **1 Ring (hier ein Halbedelstein)**

- **Schere**
- **Klebeband**

*Das Band auf einen Blick*
Länge der Fäden: 100 cm
Abschluß: je zwei Kordeln
Erste Musterzeile: blaue bzw. grüne Knoten für den Hintergrund (Zeichenplan: ausgefüllte Kreise)
Zweite Musterzeile: weiße Knoten (Ausnahme: der zweite Knoten, er bleibt immer blau)

❶ Zunächst die erste Hälfte des Bandes mit dem "DU" knüpfen. Die ersten und die letzten beiden Knoten jeder vollständigen Reihe sind immer gleich: Der 1. Knoten ist weiß (rechts-linksgeknüpft), der 2. Knoten blau (rechtsgeknüpft), der 14. Knoten grün (links-rechtsgeknüpft) und der 15. Knoten ist weiß (links-rechtsgeknüpft). Die wechselnden Farben der anderen Knoten aus dem Zeichenplan ablesen.

❷ Nach Abschluß der ersten Hälfte den ersten, weißen Faden über den Ring und den zweiten, blauen Faden unter den Ring legen, beide mit einem rechts-linksgeknüpften Knoten verbinden. Den dritten, blauen Faden über den Ring, den vierten, weißen Faden unter den Ring legen und wieder mit einem rechts-linksgeknüpften Knoten verbinden usw., bis zu den beiden letzten Fäden. Den vorletzten, grünen Faden unter den Ring, den letzten, weißen Faden über den Ring legen; beide Fäden mit einem links-rechtsgeknüpften Knoten verbinden. Das erste Teilstück ist mit dem Ring verbunden, die Stellung der Fäden hat sich nicht geändert.

❸ Um zur gegenüberliegenden Seite des Ringes zu kommen, mit dem ersten weißen Faden fünfmal einen rechts-linksgeknüpften Knoten über die zusammen angezogenen drei nächsten Fäden (2., 3. und 4. Faden) legen. Mit dem fünften, blauen Faden fünfmal einen rechts-linksgeknüpften Knoten über die zusammen angezogenen Fäden Nr. 6, 7 und 8 schlagen. Mit dem neunten, grünen Faden fünfmal einen rechts-linksgeknüpften Knoten über die nächsten drei Fäden (Nr. 10, 11 und 12) legen und mit dem letzten, weißen Faden fünfmal einen links-rechtsgeknüpften Knoten über die zusammen angezogenen Fäden (Nr. 13, 14. und 15) legen. Es ergeben sich vier Knotenstränge in den Farben Weiß, Blau, Grün und Weiß. Die Fäden in der ursprünglichen Reihenfolge anordnen und, wie unter 2. beschrieben, mit dem Ring verbinden.

❹ Den zweiten Teil des Bandes mit dem "ICH" knüpfen.

# LENA und BE HAPPY

**Material & Hilfsmittel**

***LENA:***

- **Perlgarn Nr. 5 in Dunkelblau 134, Blau 410, Maigrün 256, Hellgrün 254, Gelbgrün 278, Goldgelb 290, Gelb 301, Hellgelb 386**

***BE HAPPY:***

- **Perlgarn Nr. 5 in Dunkelblau 134, Maigrün 256, Hellgrün 254, Gelbgrün 278, Goldgelb 290, Gelb 301, Hellgelb 386**

- **Schere**
- **Klebeband**

## *LENA*

*Das Band auf einen Blick*
Länge der Fäden: 100 cm
Abschluß: je zwei Kordeln
Erste Musterzeile: dunkelblaue Knoten für den Rand, blaue Knoten für den Hintergrund (Zeichenplan: ausgefüllte Kreise)
Zweite Musterzeile: Motivfarben (Ausnahme: der erste, zweite und der letzte Knoten, sie tragen die Hintergrund- bzw. Randfarben)

❶ Für den geraden Anfang mit den beiden letzten Fäden einen dunkelblauen Knoten (links-rechtsgeknüpft) legen.

❷ Die zweite Reihe besteht aus drei Knoten in Hellgelb, Blau, Dunkelblau, usw. Die ersten und letzten beiden Knoten jeder vollständigen Reihe sind immer gleich: Der 1. Knoten ist dunkelblau (rechts-linksgeknüpft), der 2. Knoten blau (rechtsgeknüpft), der 14. Knoten ist blau (links-rechtsgeknüpft) und der 15. (= letzte) Knoten wieder dunkelblau (links-rechtsgeknüpft). Für alle Knoten dazwischen die Farben vom Zeichenplan ablesen.

## *BE HAPPY*

*Das Band auf einen Blick*
Länge der Fäden: 100 cm
Abschluß: je zwei Kordeln
Erste Musterzeile: dunkelblaue Knoten für den Hintergrund (Zeichenplan: ausgefüllte Kreise)
Zweite Musterzeile: Motivfarben für den Rand und die Schrift (Ausnahme: der zweite Knoten, er bleibt immer dunkelblau)

❶ Für den geraden Anfang mit den letzten beiden Fäden einen maigrünen Knoten (links-rechtsgeknüpft) legen.

❷ Die nächste schräge Reihe besteht aus drei Knoten: hellgelb (links-rechtsgeknüpft), dunkelblau (links-rechtsgeknüpft), maigrün (links-rechtsgeknüpft), die mit den letzten vier Fäden gelegt werden, usw. Die ersten und die letzten beiden Knoten jeder vollständigen Reihe sind immer gleich: Der 1. Knoten ist maigrün (rechts-linksgeknüpft), der 2. Knoten dunkelblau (rechtsgeknüpft), der 14. Knoten ist dunkelblau (links-rechtsgeknüpft) und der 15. Knoten maigrün (links-rechtsgeknüpft). Die Farben aller dazwischenliegenden Knoten dem Zeichenplan entnehmen.

# SOPHIE mit Freundschafts-püppchen und FOR YOU

**Material & Hilfsmittel**

***SOPHIE:***

- **Perlgarn Nr. 5 in Pink 89, Schwarz 403**

***FOR YOU:***

- **Perlgarn Nr. 5 in Schwarz 403, Maigrün 256, Lindgrün 185, Blau 133, Hellblau 433, Pink 89, Orange 316, Gelb 291**

- **Klebeband**
- **Schere**

***Freundschafts-püppchen:***

- **Perlgarn Nr. 5 in Pink 89, Gelb 291, Orange 316, Hellblau 433, Maigrün 256**
- **1 Holzperle (8 mm ∅)**

## *SOPHIE mit Freundschaftspüppchen*

*Das Band auf einen Blick*

Länge der Fäden: 100 cm
Abschluß: zwei Kordeln
Erste Musterzeile: schwarze Knoten für den Hintergrund
Zweite Musterzeile: pinkfarbene Knoten für den Namen (Ausnahme: der zweite Knoten, er bleibt immer schwarz)

*Das Band*

❶ Den geraden Anfang des Bandes mit den letzten beiden Fäden beginnen (siehe Beschreibung auf Seite 10).

❷ Die ersten und letzten beiden Knoten jeder vollständigen Reihe sind gleich: Der erste ist pinkfarben (rechts-linksgeknüpft), der zweite schwarz (rechtsgeknüpft), der 14. Knoten ist schwarz (links-rechtsgeknüpft) und der 15. Knoten pinkfarben (links-rechtsgeknüpft). Die Farben aller dazwischenliegenden Knoten vom Zeichenplan ablesen.

*Die Freundschaftspüppchen*

❶ Auf die Holzperle mit Decorlack zwei schwarze Augen und eine pinkfarbene Nase auftupfen.

❷ Fünf 40 cm lange Fäden in den Motivfarben an den Enden zusammennehmen und die fünf Schlaufen unter Drehbewegungen durch die Holzperle schieben, so daß sie nach oben ca. 5 cm überstehen. Über der Perle einen lockeren Knoten binden und in die Holzperle ziehen oder stopfen, damit sie nicht mehr verrutscht. Erst nach dem Knüpfen des Bandes den Überstand kürzen und die Fasern mit einer spitzen Schere oder einem Kamm auffächern.

❸ Die Fäden unter dem Kopf wie folgt ordnen: gelb, orange, pink, hellblau, maigrün, maigrün, hellblau, pink, orange, gelb. Mit dem linken gelben Faden *einen* rechtsgeknüpften Knoten über die beiden nächsten, orange- bzw. pinkfarbenen Fäden legen, mit dem gelben Faden *einen* rechtsgeknüpften Knoten über die nächsten beiden Fäden (hellblau und maigrün) legen. Mit dem rechten gelben Faden einen linksgeknüpften Knoten über die beiden

*Fortsetzung von Seite 19*

❶ Wie beim Band "I MISS YOU" (siehe Seite 21) den letzten, blauen Faden 10 cm weiter nach oben überstehen lassen als die übrigen Fäden. Mit der zweiten Reihe beginnen.

❷ Die letzte Reihe (blaue Knoten) mit dem etwas längeren, linken, blauen Faden knüpfen, dabei mit ihm rechtsgeknüpfte Knoten über alle Fäden legen. Das Band umdrehen und die noch fehlende erste Reihe ebenso mit dem nun links liegenden blauen Faden knüpfen.

nächsten Fäden (orange und pink) zur Mitte legen und einen weiteren gelben, linksgeknüpften Knoten über die beiden nächsten Fäden (hellblau und maigrün). Die in der Mitte liegenden gelben Fäden verknoten. Mit dem jetzt links liegenden orangefarbenen Faden vier rechtsgeknüpfte Knoten über jeden einzelnen Faden zur Mitte legen, mit dem ganz rechts liegenden orangefarbenen Faden vier linksgeknüpfte Knoten zur Mitte legen und zu einer orangefarbenen Pfeilspitze verknoten. Mit den außen liegenden pinkfarbenen Fäden eine weitere Pfeilspitze knüpfen, ebenso mit den nun außen liegenden, hellblauen Fäden.

4 Für die Beine mit den nun außen liegenden, maigrünen Fäden je vier Knoten zur Mitte legen, aber nicht mehr miteinander verknoten. Als Fuß mit je fünf Fäden einen Knoten machen und die Fadenüberstände abschneiden.

*Anmerkung:* Für Arme sind zwei Fäden mehr nötig (vier Endstücke). Je zwei Fäden an den Seiten des Püppchens ablegen. Den Körper wie oben beschrieben knüpfen. Mit den zwei Fäden auf jeder Seite dann fünf rechtsgeknüpfte Knoten legen und den Arm mit einem Knoten abschließen, der mit beiden Fäden gelegt wird. Fadenüberstände abschneiden.

***FOR YOU***

*Das Band auf einen Blick*
Länge der Fäden: 110 cm; Blau (133): 120 cm
Abschluß: je zwei Kordeln,
Erste Musterzeile: schwarze Knoten für den Hintergrund
Zweite Musterzeile: Motivfarben für die Schrift und den Rand (Ausnahme: der zweite Knoten, er bleibt immer schwarz)

*Fortsetzung auf Seite 20*

- **Decorlack in Schwarz, Pink**
- **spitze Schere oder Kamm**
- **Pinsel**

**Tip**
**Für Püppchen als Anhänger eine Schlinge über dem Kopf stehen lassen und die restlichen Überstände als Haare abschneiden.**

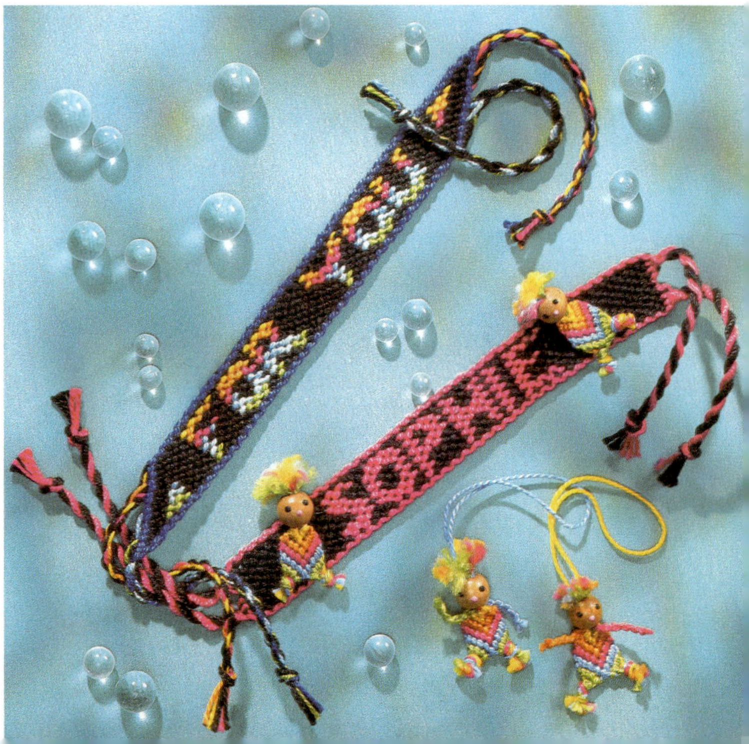

# I MISS YOU

*Das Band auf einen Blick*
Länge der Fäden: 110 cm, Grün (189): 120 cm
Abschluß: je zwei Kordeln
Erste Musterzeile: schwarze Knoten für den Hintergrund (Zeichenplan: ausgefüllte Kreise)
Zweite Musterzeile: Motivfarben für die Schrift (Ausnahme: der zweite Knoten, er bleibt immer schwarz)

❶ Nach dem Ordnen der Fäden den 16. (= grünen) Faden so nach oben ziehen, daß er ca. 10 cm weiter übersteht als alle übrigen Fäden.

❷ Die erste, schräge Reihe ist ganz grün (189), sie wird zunächst nicht geknüpft. Sofort mit der zweiten Reihe beginnen und alle weiteren, mit Ausnahme der letzten, nach der entsprechenden Farbvorgabe knüpfen.

❸ Die letzte Reihe mit dem etwas längeren ersten, grünen Faden knüpfen, dabei mit ihm lauter rechtsgeknüpfte, grüne Knoten über alle anderen Fäden legen.

❹ Das Band umdrehen und die erste Reihe knüpfen: Mit dem um 10 cm längeren, grünen Faden (nun ganz links) wieder lauter rechtsgeknüpfte, grüne Knoten über alle übrigen Fäden legen.

*Anmerkung:* Das Beispiel zeigt, wie beim Knüpfen der schrägen Reihen die Buchstaben Stück für Stück entstehen und jederzeit Hintergrundfarbe und Motivfarbe vertauscht werden können. Dann ist die Reihenfolge der Farben von links nach rechts: grün (189), lindgrün (185), lindgrün (185), schwarz (403), lindgrün (185), schwarz (403), lindgrün (185), schwarz (403), lindgrün (185), schwarz (403), lindgrün (185), schwarz (403), lindgrün (185), schwarz (403), lindgrün (185), grün (189).

**Material & Hilfsmittel**

- **Perlgarn Nr. 5 in Schwarz 403, Maigrün 256, Lindgrün 185, Grün 189, Smaragd 187**

- **Schere**
- **Klebeband**

# ANNA mit Würmchen und GOOD LUCK mit Kleeblatt

**Material & Hilfsmittel**

***ANNA:***

- **Perlgarn Nr. 5 in Schwarz 403, Orange 316, Hellrot 332, Rot 335, Lila 89, Violett 98, Blau 130**

***GOOD LUCK:***

- **Perlgarn Nr. 5 in Schwarz 403, Grün 280, Hellgrün 278, Hellgelb 301, Gelb 391, Dottergelb 313, Orange 316**

- **Schere**
- **Klebeband**

***ANNA mit Würmchen***

*Das Band auf einen Blick*
Länge der Fäden: 100 cm
Abschluß: zwei Kordeln
Erste Musterzeile: schwarze Knoten für den Hintergrund (Zeichenplan: ausgefüllte Kreise)
Zweite Musterzeile: Motivfarben für den Namen und den Wurm (Ausnahme: der zweite Knoten, er bleibt immer schwarz)

❶ Die erste Reihe aus nur einem blauen Knoten mit den beiden letzten Fäden knüpfen: Dafür mit dem rechten, blauen Faden einen links-rechtsgeknüpften Knoten über den schwarzen Faden legen.

❷ Für die zweite, schräge Reihe drei Knoten mit den letzten vier Fäden von links nach rechts knüpfen. Die dritte Reihe aus fünf Knoten mit den letzten sechs Fäden knüpfen, usw. (siehe Zeichenplan auf dem Vorlagenbogen und ausführliche Anleitungen auf den ersten Seiten des Buches!).

❸ Das Band auf beiden Seiten mit je zwei Kordeln abschließen.

❹ Für die Fühler je ein Stück Faden durch einen Knoten am Kopfrand ziehen, wie für eine Kordel beide Enden getrennt eindrehen, miteinander verdrehen und mit einem Knoten abschließen.

***GOOD LUCK mit Kleeblatt***

*Das Band auf einen Blick*
Länge der Fäden: 100 cm
Abschluß: zwei Kordeln
Erste Musterzeile: schwarze Knoten für den Hintergrund (Zeichenplan: ausgefüllte Kreise)
Zweite Musterzeile: Motivfarben für die Schrift und das Kleeblatt (Ausnahme: der zweite Knoten, er bleibt immer schwarz)

❶ Den geraden Anfang des Bandes mit den letzten beiden Fäden beginnen und einen orangefarbenen Knoten knüpfen.

❷ Die ersten beiden und die letzten beiden Knoten jeder vollständigen schrägen Reihe sind gleich: Der erste ist grün (rechts-linksgeknüpft), der zweite schwarz (rechtsgeknüpft), der 14. Knoten ist schwarz (links-rechtsgeknüpft) und der 15. Knoten orangefarben (links-rechtsgeknüpft). Die Farben aller dazwischenliegenden Knoten vom Zeichenplan ablesen.

# PEACE mit Taube

**Material & Hilfsmittel**

- **Perlgarn Nr. 5 in Weiß 1, Schwarz 403, Hellblau 128**
- **Schere**
- **Klebeband**

*Das Band auf einen Blick*
Länge der Fäden: 100 cm
Abschluß: je zwei Kordeln
Erste Musterzeile: schwarze Knoten für den Hintergrund (Zeichenplan: ausgefüllte Kreise)
Zweite Musterzeile: weiße bzw. hellblaue Knoten für das Motiv (Ausnahme: der zweite Knoten, er bleibt immer schwarz)

❶ Einen geraden Anfang fertigen (siehe Seite 10). Der erste und zweite Knoten jeder Reihe ist immer weiß bzw. schwarz, jede Reihe beginnt gleich: Den zweiten, schwarzen Faden anziehen und mit dem ersten, weißen Faden einen rechts-linksgeknüpften, weißen Knoten legen (siehe 2. Musterzeile, 1. Knoten!). Für den zweiten, schwarzen Knoten den dritten, schwarzen Faden anziehen und einen rechtsgeknüpften Knoten mit dem zweiten, schwarzen Faden legen (siehe 1. Musterzeile, 2. Knoten!).

❷ Die folgenden Knüpfvorgänge nach der Vorlage durchführen. Der 14. Knoten jeder Reihe ist schwarz: Den 14. (= weißen) Faden nach unten ziehen und mit dem 15. (= schwarzen) Faden einen links-rechtsgeknüpften Knoten legen (siehe 1. Musterzeile, 14. Knoten!). Der 15. (= letzte) Knoten ist immer weiß: Dazu den 15. (= schwarzen) Faden nach unten ziehen und mit dem 16. (= weißen) Faden einen links-rechtsgeknüpften Knoten legen (siehe 2. Musterzeile, 15. Knoten!).

# Mäander-Muster

*Das Band auf einen Blick*
Länge der Fäden: 100 cm
Abschluß: je zwei Kordeln
Erste Musterzeile: schwarze Knoten für den Hintergrund
Zweite Musterzeile: farbige Knoten für den Mäander (Ausnahme: der erste Knoten, er bleibt immer schwarz)

❶ Für dieses Band werden nur 15 Fäden benötigt, jede vollständige Reihe hat 14 Knoten. Für den geraden Anfang mit nur einem schwarzen Knoten beginnen.

❷ Die zweite, schräg zu knüpfende Reihe hat drei Knoten, die dritte fünf Knoten, die vierte sieben Knoten usw.

Die ersten und letzten beiden Knoten jeder vollständigen schrägen Reihe sind immer gleich: Der 1. Knoten ist schwarz (rechtsgeknüpft), der 2. Knoten pastellblau (links-rechtsgeknüpft), der 13. Knoten smaragd (rechts-linksgeknüpft) und der 14. Knoten ist schwarz (rechts-linksgeknüpft). Die Farben der anderen Knoten dem Zeichenplan entnehmen.

**Material & Hilfsmittel**

- **Perlgarn Nr. 5 in Schwarz 403, Pastellblau 928, Hellblau 167, Lindgrün 189, Smaragd 187**
- **Schere**
- **Klebeband**

# Bäume

## *Blau-grüne Bäume*

*Das Band auf einen Blick*
Länge der Fäden: 110 cm
Abschluß: je zwei Kordeln
Erste Musterzeile: schwarze Knoten für den Hintergrund; Ausnahme: die ersten beiden Knoten, sie werden nur grün bzw. braun geknüpft (Zeichenplan: ausgefüllte Kreise)
Zweite Musterzeile: alle grünen Knoten für Gras und Baumkronen; Ausnahme: die Knoten 3 bis 5, sie werden nur braun oder schwarz geknüpft (Zeichenplan: leere Kreise)
Dritte Musterzeile: braune Knoten für Erdhügel und Baumstämme, nur beim 2. bis 5. Knoten möglich (Zeichenplan: Kreise mit zwei senkrechten Strichen)

❶ Es werden 19 Fäden in der angegebenen Reihenfolge benötigt. Für die erste Reihe zwei schwarze Knoten mit den letzten drei Fäden von links nach rechts knüpfen: Den linken, maigrünen Faden anziehen und mit dem schwarzen Faden den ersten, links-rechtsgeknüpften Knoten legen, dann den letzten, maigrünen Faden anziehen und den zweiten, schwarzen, rechts-linksgeknüpften Knoten legen.

❷ Die nächste schräge Reihe, bestehend aus vier schwarzen Knoten, mit den letzten fünf Fäden aus vier schwarzen Knoten von links nach rechts knüpfen, usw. Der erste Knoten jeder vollständigen Reihe ist immer dunkelgrün (rechts-linksgeknüpft), der 18. Knoten ist schwarz (rechts-linksgeknüpft). Alle anderen Farben der Knoten vom Zeichenplan ablesen.

## *Gelb-grüne Bäume*

Bei diesem Band ist die schwarze Hintergrundfarbe durch verschiedene Blautöne ersetzt. Die erste Musterzeile gilt bei diesem Band für den blauen Hintergrund (Zeichenplan: ausgefüllte Kreise).
Die Reihenfolge der Fäden von links nach rechts: dunkelgrün (923), grün (227), braun (339), hellblau (130), braun (339), blau (131), grün (254), blau (131), grün (254), dunkelblau (132), grün (254), dunkelblau (132), hellgrün (279), tiefdunkelblau (152), hellgrün (279), tiefdunkelblau (152), gelbgrün (278), tiefdunkelblau (152), gelbgrün (278).

**Material & Hilfsmittel**

***Blau-grüne Bäume:***
- **Perlgarn Nr. 5 in Dunkelgrün 923, Grün 227, Smaragd 187, Lindgrün 189, Maigrün 256, Braun 341, Schwarz 403**

***Gelb-grüne Bäume:***
- **Perlgarn Nr. 5 in Dunkelgrün 923, Grün 227, Grün 254, Hellgrün 279, Gelbgrün 278, Braun 339, Hellblau 130, Blau 131, Dunkelblau 132, Tiefdunkelblau 152**

- **Schere**
- **Klebeband**

**Material & Hilfsmittel**

**Rote Käfer:**

- **Perlgarn Nr. 5 in Rot 22, Rot 46, Rot 47, Rot 335, Schwarz 403**

**Gelbe Käfer:**

- **Perlgarn Nr. 5 in Schwarz 403, Dunkelgrün 281, Grün 254, Gelbgrün 278, Gelb 301**

# Käfer

## *Rote Käfer*

*Das Band auf einen Blick*
Länge der Fäden: 100 cm
Abschluß: zwei Kordeln
Erste Musterzeile: schwarze Knoten (Zeichenplan: ausgefüllte Kreise)
Zweite Musterzeile: rote Knoten (verschiedene Rot-Töne)

❶ Es werden 20 Fäden in der angegebenen Reihenfolge benötigt. Für die erste schräge Reihe zwei rote Knoten mit den letzten drei Fäden knüpfen.

❷ Für die zweite Reihe vier rote Knoten mit den letzten fünf Fäden knüpfen, für die dritte Reihe sechs rote Knoten mit den letzten sieben Fäden, usw. Die Farben vom Zeichenplan ablesen.

## *Gelbe Käfer*

Bei diesem angefangenen Beispiel wurden die Rot-Töne durch Grün- bzw. Gelbtöne ersetzt (die zweite Musterzeile gilt dann für diese ausgewechselten Farbtöne).
Die Reihenfolge der Fäden: dunkelgrün (281), schwarz (403), grün (254), schwarz (403), grün (254), schwarz (403), gelbgrün (278), schwarz (403), gelb (301), schwarz (403), gelb (301), schwarz (403), gelbgrün (278), schwarz (403), grün (254), schwarz (403), grün (254), schwarz (403), dunkelgrün (281), schwarz (403).

# Yin-Yang-Symbol

*Das Band auf einen Blick*
Länge der Fäden: 100 cm
Abschluß: je zwei Kordeln
Erste Musterzeile: schwarze Knoten
Zweite Musterzeile: weiße Knoten (Ausnahme: der erste Knoten, er bleibt immer schwarz)

❶ Für den geraden Anfang die erste Reihe aus nur einem schwarzen Knoten knüpfen: Dazu den 15. (= weißen) Faden anziehen und mit dem 16. (= schwarzen) Faden einen links-rechtsgeknüpften Knoten legen.

❷ Die zweite, schräge Reihe aus drei Knoten mit den letzten vier Fäden von links nach rechts knüpfen: einen schwarzen Knoten (links-rechtsgeknüpft), einen weißen Knoten (links-rechtsgeknüpft) und einen schwarzen Knoten (links-rechtsgeknüpft).

❸ Für die dritte Reihe mit den letzten sechs Fäden fünf Knoten von links nach rechts knüpfen, usw. Auf der Seite, auf der das Symbol weiß ist, den Hintergrund schwarz knüpfen, bei der schwarzen Hälfte den Hintergrund weiß fertigen.

*Anmerkung:* Durch den Wechsel zweier Farben können erkennbare Motive herausgearbeitet werden (s. auch das Beispiel mit den Käfern!). Bei diesem Band tragen nur der erste und der letzte Knoten jeder vollständigen Reihe die gleiche Farbe (= schwarz) und werden immer gleich geknüpft: der 1. Knoten rechts und der 15. Knoten links-rechts.

**Material & Hilfsmittel**

- **Perlgarn Nr. 5 in Schwarz 403, Weiß 1**
- **Schere**
- **Klebeband**

# KEEP COOL und MAX

**Material & Hilfsmittel**

***KEEP COOL:***

- **Perlgarn Nr. 5 in Weiß 1, Schwarz 403**

***MAX:***

- **Perlgarn Nr. 5 in Schwarz 403, Lila 96, Hell-Lila 95, Violett 98**

- **Schere**
- **Klebeband**

## *KEEP COOL*

*Das Band auf einen Blick*
Länge der Fäden: 100 cm
Abschluß: je zwei Kordeln
Erste Musterzeile: schwarze Knoten (Ausnahme: der erste Knoten, er bleibt immer weiß)
Zweite Musterzeile: weiße Knoten

❶ Für den geraden Anfang mit den letzten beiden Fäden beginnen und einen weißen, links-rechtsgeknüpften Knoten legen.

❷ Die zweite Reihe mit den letzten vier Fäden aus drei Knoten knüpfen usw. Nur der erste und der letzte Knoten jeder vollständigen Reihe haben die gleiche Farbe (= weiß) und sind immer gleich zu knüpfen: der 1. Knoten rechts und der 15. Knoten links-rechts.

❸ In der zweiten Hälfte des Bandes wird die bisher schwarze Hintergrundfarbe zur Motivfarbe (= Schrift), nun für den Hintergrund weiße Knoten knüpfen. Die Farbe der Knoten einer jeden Reihe vom Zeichenplan ablesen.

## *MAX*

*Das Band auf einen Blick*
Länge der Fäden: 100 cm
Abschluß: je zwei Kordeln
Erste Musterzeile: schwarze Knoten für den Namen, den Rand und die Quadrate (Ausnahme: der zweite Knoten, er bleibt immer violett)
Zweite Musterzeile: farbige Knoten für den Hintergrund

❶ Mit den letzten beiden Fäden den ersten, links-rechtsgeknüpften, schwarzen Knoten legen.

❷ Für die zweite Reihe mit den letzten vier Fäden von links nach rechts drei Knoten (hier: schwarz, violett, schwarz) knüpfen, usw. Die Anzahl der Knoten und ihre Farbe vom Zeichenplan ablesen. Die ersten und letzten beiden Knoten jeder vollständigen Reihe haben immer dieselbe Farbe und werden gleich geknüpft: Der 1. Knoten ist schwarz (rechts-linksgeknüpft), der 2. Knoten violett (rechtsgeknüpft), der 14. Knoten ist violett (links-rechtsgeknüpft) und der 15. Knoten schwarz (links-rechtsgeknüpft).

## Neben dieser Auswahl aus der Brunnen-Reihe n wir noch viele andere Bücher im Programm. Wir informieren Sie gerne - fordern Sie einfach unsere neuen Prospekte an:

- <u>Bücher für Ihre Kinder:</u> Basteln, Spielen und Lernen mit Kindern
- <u>Bücher für Ihre Hobbys:</u> Stoff und Seidenmalerei, Malen und Zeichnen, Keramik, Floristik
- <u>Bücher zum textilen Handarbeiten:</u> Sticken, Häkeln und Patchwork

Wir sind für Sie da, wenn Sie Fragen zu AutorInnen, Anleitungen oder Materialien haben. Und wir interessieren uns für Ihre eigenen Ideen und Anregungen. Faxen, schreiben Sie oder rufen Sie uns an. Wir hören gerne von Ihnen! Ihr Christophorus-Verlag

Hermann-Herder-Str. 4 / 79104 Freiburg i. Breisgau

CHRISTOPHORUS
Bücher mit Ideen

Tel: 0761/2717-268 oder Fax: 0761/2717-35